Lb 48.697.

OBSERVATIONS

SUR L'OPINION

DE M. LE VOYER-D'ARGENSON,

DÉPUTÉ DU HAUT-RHIN,

SUR LE PROJET D'ADRESSE AU ROI,

ET

RÉFLEXIONS SUR CES OBSERVATIONS.

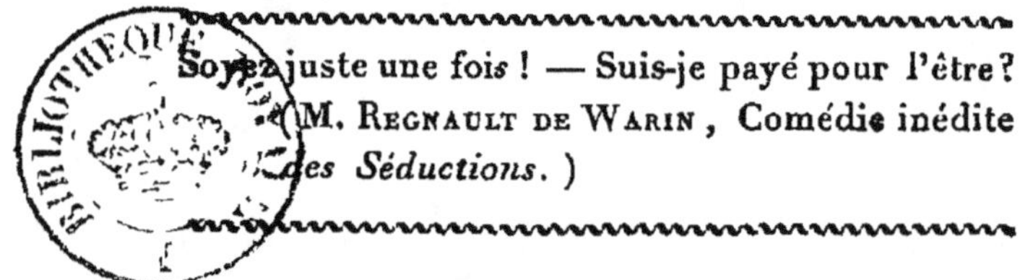

Soyez juste une fois ! — Suis-je payé pour l'être ?
(M. REGNAULT DE WARIN, Comédie inédite
des Séductions.)

A PARIS,

CHEZ TOUS LES MARCHANDS DE NOUVEAUTÉS.

27 nov. 1816.

IMPRIMERIE DE Mme. V^e. PERRONNEAU,
quai des Augustins, n°. 39.

OPINION[*]

DE

M. LE VOYER-D'ARGENSON,

DÉPUTÉ DU HAUT-RHIN,

Sur le Projet d'Adresse au Roi.

———

Mᴇssɪᴇᴜʀs,

Je ne puis donner mon approbation au Projet d'Adresse qui vous est soumis. Il reste muet ou s'explique incomplètement sur des objets qui fixent au plus haut degré l'attention publique. Dans son Discours d'ouverture, Sa Majesté vous a entretenus des subsistances : elle vous a dit

———

[*] La Chambre des Députés a adopté sans discussion le Projet d'Adresse de la Commission. La parole m'a été refusée. Il ne me reste que la voie de l'impression pour faire entendre ce que je crois être la vérité. Un Député fidèle à son devoir ne doit jamais trouver qu'il soit trop tard pour la dire.

que les ressources sont au niveau des besoins. Puisqu'il en est ainsi, l'administration remplit donc bien mal son devoir, la circulation est bien peu protégée ; car nous savons que, dans quelques villes, l'inquiétude s'est accrue au point d'exciter des émeutes populaires, et que les prix des grains, relevés sur divers marchés et comparés entr'eux, présentent des différences du simple au double.

Il est un autre objet qui, par son importance, doit nécessairement trouver place dans une adresse destinée à porter la vérité aux pieds du Trône ; je veux parler de l'indépendance nationale. On se demande si les négociations entamées avec le Saint-Siége ne résoudront pas des questions essentiellement législatives en matière de propriété ou d'instruction publique. On s'inquiète, d'autre part, de la possibilité qu'un traité de commerce ne compromette les derniers débris de notre industrie expirante. La nation française désire, et, si je ne craignais d'effaroucher des oreilles trop chatouilleuses, je dirais qu'elle veut : la Nation française désire que son Gouvernement sache qu'elle lui saura gré de tout ce qui fera partager à l'étranger la conscience qu'elle conserve de sa dignité et de sa force.

Revenant à ce qui touche nos intérêts domestiques, je dirai que la dépréciation des biens dits nationaux est une calamité publique : la Nation s'appauvrit de tout le résultat de cette dépréciation. Et qu'on ne dise pas que les propriétaires de ces biens conçoivent des alarmes frivoles ; ce n'est pas eux qui jettent de la défaveur sur leurs propriétés : c'est le jugement que chacun porte de leur peu de stabilité. Ce jugement est tel que ces biens ne trouveront bientôt plus d'acquéreurs, qu'ils ne seront bientôt plus acceptés en hypothèque. Nous devons à ce sujet exprimer notre ferme résolution de relever leur crédit par tous les moyens légitimes qui sont à notre disposition, et nommément par l'aliénation de ceux de ces domaines qui sont encore entre les mains de l'État.

Enfin, Messieurs, de grandes injustices ont été commises : dans beaucoup de départemens, des administrateurs incapables, ou excités par des hommes enivrés d'un fol orgueil, ont semé l'inquiétude et l'effroi ; la sûreté personnelle a été souvent violée, toujours compromise ; des arrestations arbitraires ont été ordonnées ; des destitutions injustes ont plongé dans la misère des familles honnêtes· — Je me

tais sur les rigueurs de la justice criminelle.
— Mais, Messieurs, vous ne pouvez vous taire
sur les désordres dont je viens de signaler une
partie ; vous devez exprimer votre intention
d'en arrêter le cours, d'en prévenir le retour,
d'y remédier autant qu'il est en vous de le
faire, et si vous ne croyez pouvoir terminer
cette tâche longue et difficile, déclarez du moins
que vous n'entendez coopérer à la loi sur les
élections que pour la rendre susceptible d'en-
vironner constamment le trône des organes de
l'opinion publique, qui, seule, peut le soutenir.

J'aurais souhaité que ces vues eussent été prises
en considération par votre Commission.

OBSERVATIONS

SUR L'OPINION

DE M. LE VOYER-D'ARGENSON,

DÉPUTÉ DU HAUT-RHIN,

SUR LE PROJET D'ADRESSE AU ROI.

***

Le monde social a changé de face mille fois ;
il s'est rassis mille fois sur les mêmes bases et
sous la protection des mêmes principes. Ces
principes fondamentaux, consacrés aux yenx
des hommes pieux par la religion, aux yeux de
certains hommes auxquels la foi a manqué, par
la tradition et par la morale ; aux yeux de tous
par la nécessité qui est, après la religion et la

morale, la première loi des nations, n'ont pas encore obtenu grâce devant un parti.

Qui croirait que l'hypothèse de la souveraineté *numérique* de l'autorité, reposant dans la multitude, n'a pas encore subi de solution définitive? Qui croirait qu'il n'est pas décidé si la subversion d'un état de choses, toujours possible en fait, à la majorité, lui est toujours permise en droit? Qui croirait que l'on écrit aujourd'hui, LA NATION VEUT, comme si la nation, séparée de son gouvernement, pouvait exprimer une volonté qui ne fût pas celle du gouvernement, et détruire de son gré ce grand équilibre de pouvoirs constitutionnels qui passe enfin pour l'expression de sa volonté antérieure? Il n'y a pas moyen de sortir de ce dilemme — Ou nous vivons en démocratie actuelle, et le peuple a le droit de se donner un gouvernement aujourd'hui; ou nous vivons en monarchie, et ce gouvernement consenti, reconnu, inviolable, n'est plus sujet aux modifications que voudrait lui faire subir le caprice de quelques séditieux.

Cependant, remarquez-le bien, jamais une nation n'a dit, qu'*elle voulût*, même dans l'état de démocratie pure; car la démocratie la plus absolue a toujours admis une espèce de représentation, revêtue, pour l'intérêt de tous, de

pouvoirs cédés momentanément à quelques-
uns ; de pouvoirs temporaires, à la vérité, mais
qui ne se révoquaient pas sans danger pour la
république pendant la durée de leur exercice. Il
y a plus : les théories extrêmes des législateurs
en spéculation qui ont semé hardiment sur le
sable, de Hobbes, de Jurieu, d'Helvétius, de
Rousseau, ne sont jamais allées jusque-là ; et
l'auteur du *Contrat social* aurait versé des lar-
mes de sang, s'il avait prévu que la force serait
un jour convertie en loi chez un peuple civilisé.
On voit que je n'abuse pas des avantages de ma
position, que je veux bien n'alléguer ni la légis-
lation divine, ni la mission sacrée des Rois, ni
la consécration auguste et religieuse d'une fa-
mille préposée par le Tout-Puissant à la conservation d'un grand Empire. En rentrant dans les
systèmes révolutionnaires, en consentant à sup-
poser avec eux que la main de Dieu s'est retirée
de l'organisation politique des sociétés ; en lais-
sant tout le mérite de cette seconde création à
l'expérience et à la raison de l'homme, il reste
vrai qu'une monarchie est une forme d'état qui
résulte des concessions faites par un peuple à un
individu, si elle est élective ; à une dynastie, si
elle est héréditaire : il reste vrai que cette délé-
gation devient une loi irrévocable entre les deux

parties , et qu'une fois qu'elle est fixée dans un pacte solennel, qu'elle est écrite dans une Charte, il est inconstitutionnel, il est contraire à la Charte de dire LA NATION VEUT ; car la nation , non plus que le Roi , ne peut vouloir que la Charte.

Toutes les fois qu'on s'occupe de ces questions de politique élevée, il faudrait, pour ne pas s'y tromper, rendre aux mots dont on se sert leur véritable valeur; il faudrait voir derrière eux toutes les idées qu'ils représentent ; il faudrait savoir surtout quelle acception ils peuvent offrir à l'esprit turbulent de certains factieux dont le désordre est le seul but, parce que le désordre seul promet des chances nouvelles à leur funeste ambition. Il faudrait se rappeler, par exemple, que ce qu'ils nomment la volonté du peuple, c'est le droit de la force ; que toute nation qui exprime une volonté hors de son pacte, rentre par là dans l'état de barbarie, et retombe sous l'autorité aveugle et flottante de la multitude ; il faudrait reconnaître que la légitimité des Rois, considérée comme une simple concession sociale, est fondée sur les mêmes principes que la transmission des propriétés et des noms ; que c'est en vertu de concessions absolument pareilles que les fortunes se propagent et que les emplois se conservent dans certaines familles, sous toutes les formes possibles de gouvernement ; que c'est sur elles que reposent l'opulence et le crédit héréditaire de la classe éligible, et que ses droits à occuper les premières dignités de l'Etat n'ont conséquemment point d'autre origine. S'il se trouvait donc un homme dans cette classe qui fût disposé à attaquer les principes de la hiérarchie politique, il serait décent et conséquent qu'il commençât par renoncer aux avantages personnels qu'elle lui procure. Quand Diogène déclara la guerre aux sociétés, ce n'était ni dans le palais de Philippe, ni dans la tribune de Démosthènes.

Il y a une volonté connue et manifeste des peuples qui sert à leur prospérité. C'est celle qui a pour objet le maintien des institutions, la foi des traités, la conservation intacte de l'honneur national, et qui concourt en cela avec les intérêts et la volonté des gouvernemens. Telle est la volonté connue de la nation française. Elle veut la paix ; elle veut la liberté garantie par les lois qu'elle a jurées ; elle veut la monarchie sous une dynastie tutélaire qui ne s'est jamais occupée que de son bonheur ; elle veut surtout , quoi qu'on en dise, que les hommes qui l'ont trompée , avilie. vendue, persécutée , assassinée en détail pendant trente ans, respectent enfin son repos,

et cessent d'abuser du privilège invétéré de subs-
tituer leurs doctrines frénétiques aux systèmes
conservateurs des Etats.

RÉFLEXIONS.

D E

M. R. DE W.,

SUR L'OPINION-ET LES OBSERVATIONS PRÉCÉDENTES.

C'EST abuser étrangement de la facilité que présente la périodicité quotidienne d'un journal pour communiquer avec le public, que de l'égarer sur l'opinion qu'il doit se former d'un fonctionnaire; si ce fonctionnaire est un Député, et qu'il résulte des inductions tirées de la pensée qu'on lui prête, et des expressions qu'on lui suppose, que ce Député est un *séditieux*, un *frénétique*, ces écarts de plume, cette licence de la parole ne peuvent-ils pas être réputés des calomnies ?

A propos de cette phrase, dont on remarquera que l'auteur a tempéré le positif par une précaution oratoire aussi prudente que délicate : « *la nation française désire* (et si je « ne craignais d'effaroucher des oreilles trop cha- « touilleuses, *je dirais qu'elle veut...* »), un journal a osé imputer à M. le Voyer-d'Argenson, la séditieuse pensée de remettre en circulation le ferment révolutionnaire de la souveraineté *numérique* du peuple, l'usage du fait contre le droit, l'abus de la force sur la raison, et l'intention plus coupable encore d'amener la destruction du pacte social, la lacération du contrat passé entre la Nation et son Chef, l'anéantissement de la Charte par le mépris de la légitimité et des institutions qui composent le Gouvernement.

Sans remarquer avec quel zèle aussi amer que nouveau, les anciens ennemis de la Charte la défendent aujourd'hui contre ses amis anciens, qui ne l'attaquent point, il est permis de rétablir, avec les termes textuels de l'auteur, tels qu'on vient de les lire, les intentions qu'ils manifestent. Mandataire de la Nation, et l'un de ses organes, il a dû exprimer ce qu'il jugeait *sa volonté*, c'est-à-dire son *opinion ;* et les objets sur lesquels, en éveillant l'attention de ses collègues, il voulait fixer la sollicitude du roi, prouvent assez qu'il n'a pu être question que *d'intérêts soumis à l'opinion* et non *de principes subordonnés à la volonté.* Grâces au sage monarque qui, en consultant l'opinion, a rétabli ces principes d'une manière inébranlable, ils sont désormais à l'abri de toute atteinte ; et les déclamations de quelques écrivains, pas plus que les tentatives de quelques insensés, ne détruiront ce grand équilibre de pouvoirs constitutionnels, quoique (suivant le journaliste) *il soit l'ouvrage d'hommes auxquels la foi a manqué, et que la main de Dieu se soit retirée de l'organisation des sociétés.* (Hypothèses charitables par lesquelles, si je ne me trompe, les défenseurs de la Charte supposent que la Charte est l'œuvre unique d'une philosophie privée de religion, tandis que les régimes antérieurs à la Charte étaient, ou inspirés par la religion, ou transmis par la tradition, ou fondés sur la morale, ou justifiés par la nécessité.)

Quels sont toutefois ces objets dangereux, sur lesquels un représentant de la Nation a manifesté l'opinion de la Nation? Est-ce une révolution à faire ; une constitution à établir; un impôt même à innover? non : il a demandé que la Chambre des Députés, par laquelle le trône doit connaître la situation du royaume, mît cette situation sous les yeux du Roi ; il a demandé que, sur une matière aussi importante que celle des subsistances, le Ministère fût éclairé et l'Administration surveillée ; il a désiré que, dans les relations purement *diplomatiques* du Gouvernement avec le Saint-Siége, la solution des questions relatives aux propriétés et à l'instruction publique, ne fût pas écartée des attributions *législatives.* Il a dit (et voilà le motif de l'imputation calomnieuse qui lui est adressée); il a dit que la Nation française *voulait* ou *désirait* que le Gouvernement sût « qu'elle lui saurait gré de tout ce qui ferait partager à l'étranger la conscience *qu'elle conserve sa dignité et sa force.* » Serait-il donc vrai qu'il existe d'assez mauvais Français pour vouloir que la Nation ne conserve ni force ni dignité?

Enfin, le discrédit où d'imprudentes déclamations ont fait tomber les domaines dits *nationaux*; l'incapacité et les abus de pouvoir de beaucoup d'administrateurs; les détentions arbitraires; les destitutions illégales et les rigueurs excessives de la justice criminelle : voilà sur quoi M. d'Argenson a prétendu appeler la paternelle inquiétude du Prince. Oser proférer de telles vérités, c'est faire du gouvernement du Roi et de son caractère personnel, l'éloge le plus solennel : mais, quand on loue par sa sincérité, et qu'on arrache l'estime par son courage, un journaliste vous accuse de *sédition*, de *frénésie*, et prétend que vous voulez recommencer la révolution.

Rassurons-nous, cependant : si, d'un côté, il assure gravement que jamais une Nation n'a pû dire *qu'elle voulût;* de l'autre, il lui permet, avec non moins de gravité, *de vouloir :* c'est quand il s'agit du *maintien des institutions*, de *la foi des traités;* de la *conservation intacte de l'honneur national.* Ces petites variantes d'une doctrine qui, d'abord paraissait si roide et si difficile à manier, mettent au large la conscience du journaliste, et à l'aise le patriotisme de M. d'Argenson : il n'a point demandé davantage.